Petra Cnyrim

Vervollständige die Funktion

Petra Cnyrim

Vervollständige die Funktion

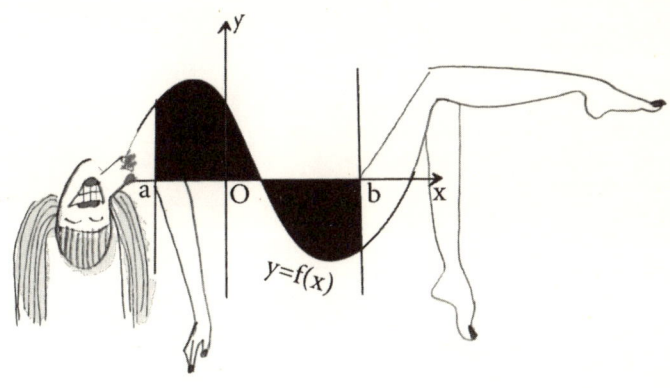

$y=f(x)$

riva

Bibliografische Information der Deutschen Nationalbibliothek:
Die Deutsche Nationalbibliothek verzeichnet diese Publikation in der
Deutschen Nationalbibliografie; detaillierte bibliografische Daten sind
im Internet über http://d-nb.de abrufbar.

Für Fragen und Anregungen:
Funktionen@rivaverlag.de

3. Auflage 2014
© 2014 by riva Verlag, ein Imprint der Münchner Verlagsgruppe GmbH
Nymphenburger Straße 86
D-80636 München
Tel.: 089 651285-0
Fax: 089 652096

Umschlaggestaltung: Maria Wittek, München
Layout und Satz: Maria Wittek, München
Illustrationen auf den Seiten 11, 29, 65, 75, 83, 93, 95, 105, 107, 121, 129, 139:
Melanie Melzer
Hintergrundabbildung der Kapitelaufmacherseiten: iStockphoto
Druck: CPI – Ebner & Spiegel, Ulm
Printed in Germany

ISBN Print 978-3-86883-411-6
ISBN E-Book (PDF) 978-3-86413-559-0
ISBN E-Book (EPUB, Mobi) 978-3-86413-560-6

Weitere Informationen zum Verlag finden Sie unter:

www.rivaverlag.de

Beachten Sie auch unsere weiteren Verlage unter
www.muenchner-verlagsgruppe.de

Für Poldi,

hör denen zu, die Dich inspirieren.
Lass ab von denen, die Dich nicht sehen.
Aber vor allem:
Glaub an Dich und finde dort auch Deine Freunde fürs Leben!

Mama

Inhaltsverzeichnis

Vorwort

»Wo wurde der Friedensvertrag von Versailles unterschrieben?»

»Am Ende des Blattes!«

Wenn ich ganz ehrlich bin, kenne ich in meinem Freundeskreis keinen einzigen Menschen, der nicht mit einem äußerst unguten Gefühl in eine Prüfung hinein- und auch wieder hinausgegangen wäre. Und beinahe genauso häufig wurde mir berichtet, wie ungerecht manch eine Bewertung ausgefallen sei, obwohl die Antwort im Grunde irgendwie richtig oder zumindest wirklich kreativ und witzig war.

Selbstverständlich zähle ich mich selbst auch zu einer dieser völlig missverstandenen Kreaturen. Deshalb war es mir schon immer ein Anliegen, eine Lanze für all die in der Not entstandenen und wirklich kreativen Antworten zu brechen, auch wenn ich gestehen muss, dass sie beinahe alle der puren Lernfaulheit zuzuschreiben sind.

Der Beweis dafür, dass Schüler mit schlechten Noten es später zu nichts bringen, oder gar dumm sind, ist schon lange widerlegt. Interessanterweise findet man unter den größten Berühmtheiten der Wissenschaft auch die schlechtesten Schüler:

Thomas Edison besuchte im Alter von sieben Jahren drei Monate lang die Schule, bevor er für dumm und lernunfähig erklärt wurde. Im Alter von neun Jahren richtete er sein erstes Labor im Keller ein.

Benjamin Franklin blieb immerhin ganze zwei Jahre in der Schule, bevor er sich entschied zu Hause zu bleiben und sich das Rechnen und Schreiben selbst beizubringen. Im Alter von 23 Jahren gründete er seine erste eigene Druckerei – der Rest ist Geschichte.

Albert Einstein war ein Spätentwickler: Er begann erst mit vier Jahren zu sprechen und seine Lehrer stuften ihn als »kümmerlich« ein. Später schrieb er: »Der Entdeckergeist und das kreative Denken gehen verloren im routinemäßigen Lehrbetrieb (der Schule).«

Dieses Buch soll eine humorvolle Erinnerung daran sein, Prüfungen, auch wenn sie noch so schwer erscheinen, mit Individualität und leichtherziger Toleranz entgegenzutreten.

Biologie

| Name: ███████ | Datum: ████████ | Klasse: ███ |

Kurzarbeit Biologie:

A) Beschreibe fünf Arten, wie Tiere miteinander kommunizieren können.

1. Sie bekämpfen sich gegenseitig
2. Sie fressen sich gegenseitig
3. Sie reden miteinander
4. ?
5. ?

B) Beschreibe fünf Arten, wie Pflanzen miteinander kommunizieren können.

Sie kommunizieren nicht!

C) Woher beziehen Lebewesen generell Energie? Und was passiert mit dieser Energie?

Aus Essen

Sie wird verbraucht!

Aufgabe 5:

Wenn Anne durch ihr Mikroskop schaut, kann sie trotz fluoreszierendem Farbstoff auf der Zellmembran nichts erkennen.

Woran könnte das liegen?

 Sie ist blind

4. Der reine Zufall ist nicht ausreichend, um die Artenvielfalt auf der Welt zu erklären. Welches zweite Element muss hinzukommen? Was würde sonst passieren?

Name: ███████ Datum: ██████ Klasse: ███

Test aus der Biologie

1. Aufgabe:
Bestimme zwei Wespenarten.

eine männliche Wespe

Und eine weibliche Wespe

Name: ███████   Datum: ███████   Klasse: ███████

KURZTEST BIOLOGIE:

Beantworte die folgenden Aufgaben:

1. Nenne zwei Tiere ohne Knochenbau!

Ein Wurm und noch ein Wurm

2. Wie muss der Lebensraum für Reptilien in Gefangenschaft gestaltet sein?

████████████████████████████████

████████████████████████████████

3. Beschreibe den Unterschied zwischen Säugetieren und Reptilien!

████████████████████████████████

████████████████████████████████

Aufgabe 2:

Beschreibe eine Art des Umgangs frühzeitlicher
Räuber!

Biologie-Klausur – Grundkurs   20.04.2001
Gruppe B

Schreiben Sie die Antworten auf ein seperates Blatt Papier.

1. Differenzieren Sie die Vorgänge der Phagozytose und Pinozytose!

2. Beschreiben Sie die Aufgaben und Funktionen der folgenden
   Zellbestandteile:
   – Zellkern
   – Lysosom
   – Zellvakuole
   – Chloroplasten

3. Erklären Sie folgende Begriffe:
   – Mutation
   – Modifikation

Die Mutation:
Hier handelt es sich um die allgemein
bekannte Mutation der Landschildkröte –
der so genannten : Ninja Turtle !

3. Wenn du dir Haustiere anschaffen dürftest, würdest du
   dann lieber ein Terrarium mit exotischen Reptilien besitzen
   oder ein Aquarium mit Fischen?

<u>Stellen Sie mir ernsthaft die Frage, ob
ich mir entweder Reptilien oder Fische
zulegen würde?*</u>

Was bräuchst du dafür? <u>Sie brauchen Futter
und manchmal einen Stall.</u>

* Um ehrlich zu sein, keiner von beiden!
Meiner Meinung nach sind weder
Fische noch Reptilien Haustiere. Sie sind
langweilig bzw. absolut ekelhaft!
Haustiere sind: Hasen, Meerschweine, Hamster,
Hunde und Katzen!
Man kann sie streicheln und mit
ihnen spielen

Zu Frage 3 gibt es vier verschiedene Antworten. Welche ist/sind die richtige(n)?

Eine Zelle ist die kleinste lebende Einheit eines Organismus. Die meisten Zellen können …

… Stoffe aufnehmen und abgeben, ☐

… wachsen, ☐

… mit der Umgebung reagieren und ☐

… sich teilen. ☐

Alle vier! Wozu die Frage ??!!

Veranschauliche und erkläre Darwins Theorie:

Der kleinste verliert.
Fische sind grausam!

HAUSAUFGABE IM FACH BIOLOGIE:
Beantworte folgende Fragen in schriftlicher Form:

1. Beschreibe den Begriff »Symbiose«.
2. Nenne ein Beispiel für einen Einzeller.
3. Warum ändert ein Chamäleon seine Körperfarbe?

1) Zwei aufeinander angewiesene Organismen, die zusammen existieren und voneinander profitieren

2) Euglena Viridis

3) Warum nicht?

Kurztest aus der Biologie:

Name: ▮▮▮▮ Klasse: ▮▮ Datum: ▮▮▮▮

1. Glühwürmchen, auch Leuchtkäfer genannt, besitzen
   Leuchtorgane, mit denen sie Signale aussenden können.
   Diese Signale sind typisch für die Art der Gattung.
   Wozu dient den Tieren das Aussenden der Lichtsignale?

Es dient dem Temperadursabbau!

2. Wie entsteht ein solches Signal?

Das Leuchten entsteht bei den weiblichen
Tieren, weil sie sich gerade in den Wechsel-
jahren befinden - es sind so genannte
Hitzewallungen.

Kurztest im Fach Biologie
15.06.2009

Gruppe **B**

Name: .. ▮▮▮▮▮▮▮▮▮▮▮ .. Klasse: . ▮▮▮ ...

1. Zeichne eine Pflanzenzelle und beschrifte
   die wichtigsten Merkmale!

Keine
Fenster

Gitter an der Türe

2. Stegreifaufgabe aus der Biologie

Name: ⬛⬛⬛⬛⬛ Klasse: ⬛ Datum: ⬛⬛⬛⬛

1. Was geschieht mit einem Jungen während der Pubertät?

Er verabschiedet sich von seiner Kindheit und tritt in das Erwachsenendasein ein.

2. Welche körperlichen Merkmale verändern sich während dieser Zeit?

Ist diese Frage nicht etwas zu intim?

3. Was benötigen die Keimdrüsen, um heranzureifen?

Wachstum!

6. Bandwürmer sind Hermaphroditen.
Was ist ein Hermaphrodit?

Boy George

7. Nenne den größten Vorteil, den eine sexuelle Reproduktion gegenüber einer asexuellen Reproduktion hat!

Es fühlt sich gut an!

5. Wie nennt man den Wissenschaftsbereich, in dem alle Lebewesen klassifiziert werden?

Rassismus !

Mathe

Name: ▮▮▮▮▮▮▮▮▮▮▮   Datum: ▮▮▮▮▮▮▮

Extemporale aus der Mathematik
Klasse 5a

<u>Gruppe A:</u>

Löse folgende Gleichungen und beeindrucke mich!

a) $3x = 4x + 2$
b) $-5x = -4x - 4$
c) $5 + x = 14$
d) $-16 + 2x = -2 + 3x$
e) $3x + 27 = 5 + 7x$
f) $-x + 18 = x + 4$
g) $2x + 5 = 25$

Es ist nicht meine Motivation, anderen Menschen zu imponieren.

Sehr gut! Man sollte die Fragen immer kritisch betrachten!

1. Aufgabe:

Deine Mutter gibt dir zur Pause vier Scheiben Brot mit. Du isst eine davon nach der ersten Unterrichtsstunde und die zweite nach der dritten Stunde. Zwei davon gibst du an deinen Freund ab. Was hast du dann noch?

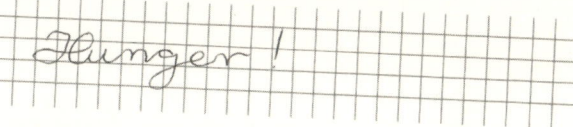

Hunger!

2. Aufgabe:

Deine Eltern kaufen dir zwei Bälle und morgen wieder zwei. Wie viele Bälle hast du dann?

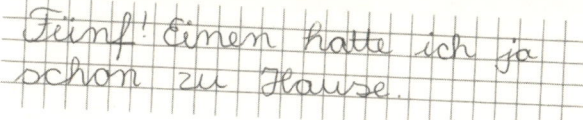

Fünf! Einen hatte ich ja schon zu Hause.

1. EXTEMPORALE AUS DER MATHEMATIK

STATISTIK I – GRUPPE A

Name: ███████████████████   Datum: ████████████

AUFGABEN ZUR WAHRSCHEINLICHKEITSBERECHNUNG

1. Wie groß ist die Wahrscheinlichkeit, bei 2-maligem Würfeln mindestens 1-mal die »6« zu werfen?

2. In einem Korb liegen 3 Äpfel, davon ist einer wurmstichig. Dem Korb werden 2 Äpfel mit einmal Hineingreifen entnommen. Wie groß ist die Wahrscheinlichkeit, den wurmstichigen Apfel hierbei zu erhalten?

3. Stelle dir vor, du bist auf einer Feier eingeladen, bei der acht Portionen Nudelsalat auf Teller verteilt sind. Auf der Party befinden sich 13 Menschen. Wie hoch ist die Wahrscheinlichkeit eine Portion Nudelsalat zu bekommen?

1. Extemporale aus der Mathematik
Statistik I – Gruppe A

Frage 1:
Die Wahrscheinlichkeit hängt davon
ab, ob man oft Glück hat. Ich
nicht. Bei mir ist sie also gering.
Und bei Ihnen?

Frage 2:
Kein Plan.

Frage 3:
Gleich Null – wenn mein Bruder
auch da ist!

In der neunten Jahrgangsstufe von Georgs und Melanies Schule sind 90 Schüler.

Beide wollen herausfinden, welchen Unterricht die Schüler am liebsten haben.

Melanie befragt dazu 30 Schüler, Georg 60.

Georg behauptet, dass seine Befragung repräsentativer ist als Melanies.

Hat er Recht?
Begründe deine Antwort.

Ja – weil er ein Kerl ist!

Datum: ▓▓▓▓▓▓▓	Name: ▓▓▓▓▓▓▓▓▓▓

Löse auf!

Marie behauptet:

Wenn Du Geld gewonnen hast und 60 Prozent deines Gewinns zum Kauf eines Telefons verwendest und 50 Euro Deinem Bruder schenkst und dann noch 290 Euro übrig hast, dann war Dein Gewinn 700 Euro!

Maries Lösung:

Gegeben sind:
p% = 100 − 60% = 40% = 0,4 und P = 290 + 50 = 340 Euro G = 340/0,4 = 700 Euro

Erkläre anhand einer Rechnung, warum Maries Ergebnis falsch ist!

So rechnen nur Raketen wissenschaftler!

3. Schulaufgabe aus der Mathematik

Klasse 7b
Gruppe A
Name: █████████

1. Berechne und zeichne den Graphen der folgenden
   Funktion:
   $f(x) = 4x + 6x + 3$

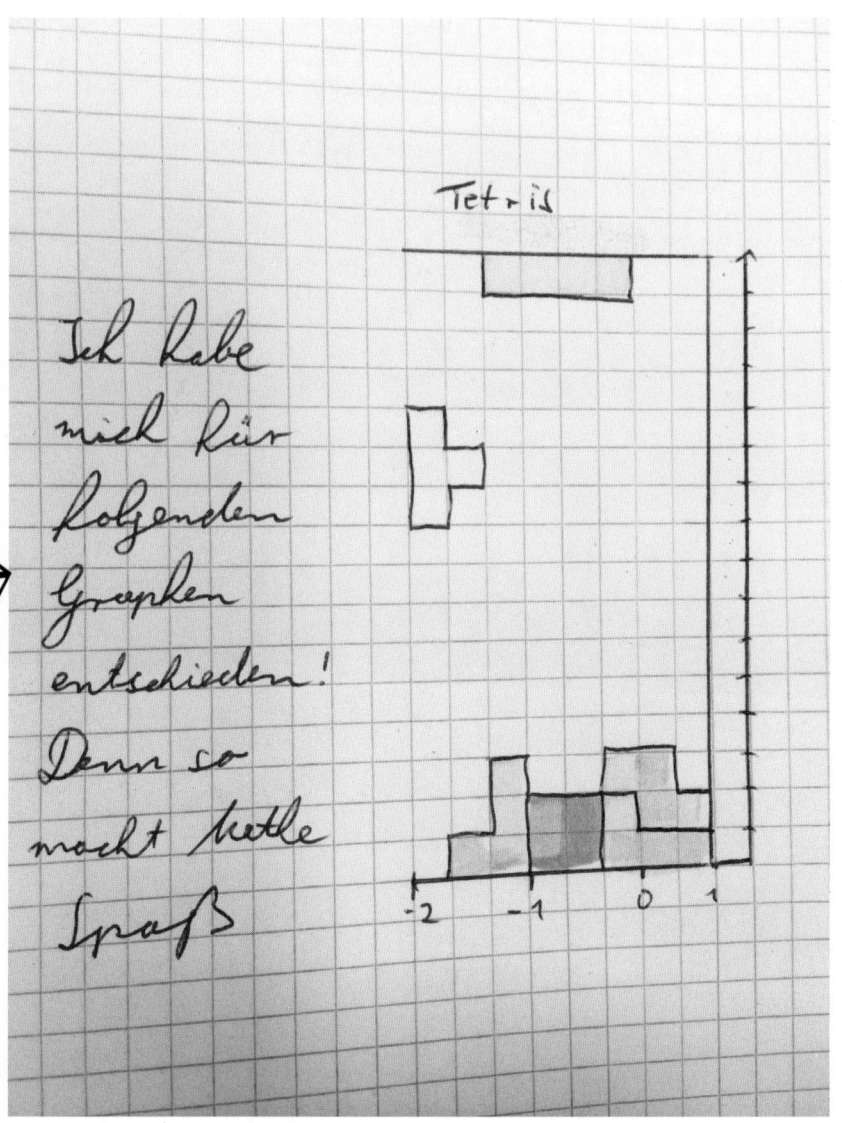

Ich habe
mich für
folgenden
Graphen
entschieden!
Denn so
macht Mathe
Spaß

1a) Welche Kegelschnitte definieren folgende Gleichungen?

$$x^2 + 4y^2 = 16$$
$$2y^2 - 8x = 0$$
$$16x^2 - 9y^2 = 144$$

b) Skizzieren Sie die Kegelschnitte!

Mathematik Kurztest

Name: ▬▬▬▬▬ Klasse: ▬

1. Aufgabe:

Wenn dein Vater von A nach B geht und dabei drei Kilometer in der Stunde zurücklegt und dein Onkel von B nach A geht und vier Kilometer die Stunde zurücklegt – wo treffen sie sich?

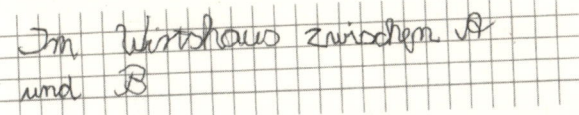

Im Wirtshaus zwischen A und B

Die Schüler der dritten Klasse bekommen in jeder Pause drei Tüten Kakao und zwei Flaschen Apfelschorle zu trinken. Es gibt zwei Pausen am Tag und 20 Schüler in der Klasse.

Frage: Womit muss der Mann im Pausenkiosk jeden Tag kalkulieren?

Mit extra durstigen Schülern!

Übungen zu den Grundrechenfähigkeiten

1. Multiplikation:

a) $8 \times 7 =$

b) $3 \times 4 =$

c) $5 \times 6 =$

d) $40 = 5 \times \dots$

f) $32 = 8 \times \dots$

g) $14 = 7 \times \dots$

Lernen = bestehen → ①
nicht Lernen = nicht bestehen → ②

_____

① + ② lernen + nicht lernen = bestehen + nicht bestehen
lernen (1 + nicht) = nicht bestehen (1 + nicht)

⇒ lernen = nicht bestehen

---

1. um eine Frau zu finden, braucht man Zeit und Geld:

Also: $Frau = Zeit \times Geld$

2. Zeit ist Geld

Also: $Zeit = Geld$

3. Also: $Frau = Geld \times Geld$
→ $Frau = (Geld)^2$

4. Geld ist die Wurzel aller Probleme
Also $Geld = \sqrt{Probleme}$

5. Also: $Frauen = \sqrt{(Probleme)^2}$

6. Also $Frauen = Probleme$

Löse folgende Gleichungen auf einem separaten Blatt Papier:

1. $5 \cdot (4 - 2) = 7 + 3$

2. $4(y - 3) - 2y = 5(-3y + 1)$

3. $(3a - 11b + 2)(5x - 7) = 15ax - 21a - 55bx + 77b + 10x - 14$

4. $-(3 + x) \cdot 2 = -[(3 + x) \cdot 2)] = -[6 + 2x] = -6 - 2x$

5. $(3p - q)^2 = 9p^2 - 6pq + q^2$

6. $-2x - (14 + 3x) + 29 = 2 - 4x$

7. $-5x - 1 = 3(-2x - 2) + 2 + 2x$

8. $3x - (-115 + 13x) + 1 = -2x - 4$

9. $-x - 7(x - 2) - 2(-3x + 2) = 4$

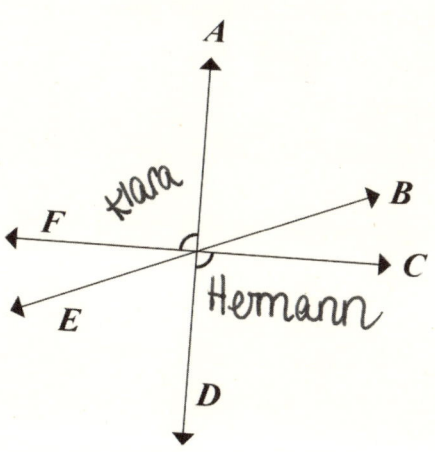

Benenne die beiden vertikalen Winkel!

Name: ...████████████████████...............

Datum: ....████████████..................

Klasse: ....██.................................

1. Wie viele Stunden hat ein Tag? .....2.4...............

2. Wie viele Minuten hat eine Stunde? .....6.0......

3. Wie viele Tage hat ein Jahr? .....365....................

4. Ist die Zahl 6 eine gerade oder eine ungerade
   Zahl? ....gerade................................

5. Woher weißt du, ob sie gerade oder ungerade
   ist? .....weil ich ziemlich clever bin...........

4. In 3 Stunden legst du mit dem Auto 190 km zurück.
   Wie schnell bist du gefahren?

Anstatt das ~~ausblabla~~ auszurechnen,
könnte man auch einfach auf
den Tacho schauen!

Kurztest aus der Mathematik

Gruppe 2

Klasse:

Name:

Am:

Löse mit Hilfe der binomischen Formeln auf:

1. $(7x - 19y) \cdot (7x - 19y)$
2. $(20p - 10)^2$
3. $(14a - 12)^2$

Das geht leider nicht – die binomischen Formeln sind streng geheim!

Löse folgende Gleichung:

$$3x^2 + 2x - 5 = 0$$

5. Addieren:

Deine Mutter kauft dir eine Jacke für 70 € und eine Hose für 90 €. Was ergibt das?

Streit mit meinem Vater!

6. Subtrahieren:

Robert hat 50 Kekse. Er isst 35 davon auf – was hat er dann?

einen Besuch im Krankenhaus!

Übungsaufgaben:

1.) Schreibe diesen Bruch als Dezimalbruch:
   3/4

   Ich glaube 3,4 – Stefan hat mir das eingesagt!

2.) Berechne:
   0,83 + 0,934 = *1,76! Das habe ich von Sabine abgeschrieben*

3.) Berechne:
   1,57 + 2,39 – 1,2 =

   Elefanten können sich ihr Futter mit dem Rüssel holen.

Aufgabe 1

a)
Der Preis eines Autos stieg um 10 Prozent und sank dann wieder um 10 Prozent und beträgt heute Fr. 9504.—. Um wie viel Prozent hat sich der Preis insgesamt verändert?

b)
Der Preis eines Autos sank um 10 Prozent und stieg dann wieder um 10 Prozent und beträgt heute Fr. 9504.—. Um wie viele Prozente hat sich der Preis insgesamt verandert?

$a)$ $x \cdot 1{,}1 \cdot 0{,}9 = 0{,}99x = 9504$

$b)$ $x \cdot 0{,}9 \cdot 1{,}1 = 0{,}99x = 9504$

$0{,}99x = 9504$

$x = 9600$

Der ursprüngliche Preis von 9600 Franken hat insgesamt um 1% abgenommen. $(0{,}99 - 1 - 0{,}01)$

Mir war langweilig, also habe ich eine Mandarine gezeichnet → Dann wurde mir richtig langweilig und ich habe eine geschälte Mandarine gezeichnet → Dann eine halb gegessene Mandarine und dann nur noch die Schale

1. Erweitere: $\dfrac{4}{3} + \dfrac{2}{5}$

$\dfrac{4}{3} + \dfrac{2}{5}$

$\dfrac{4}{3} + \dfrac{2}{5}$

$\dfrac{4}{3}$ $+$ $\dfrac{2}{5}$

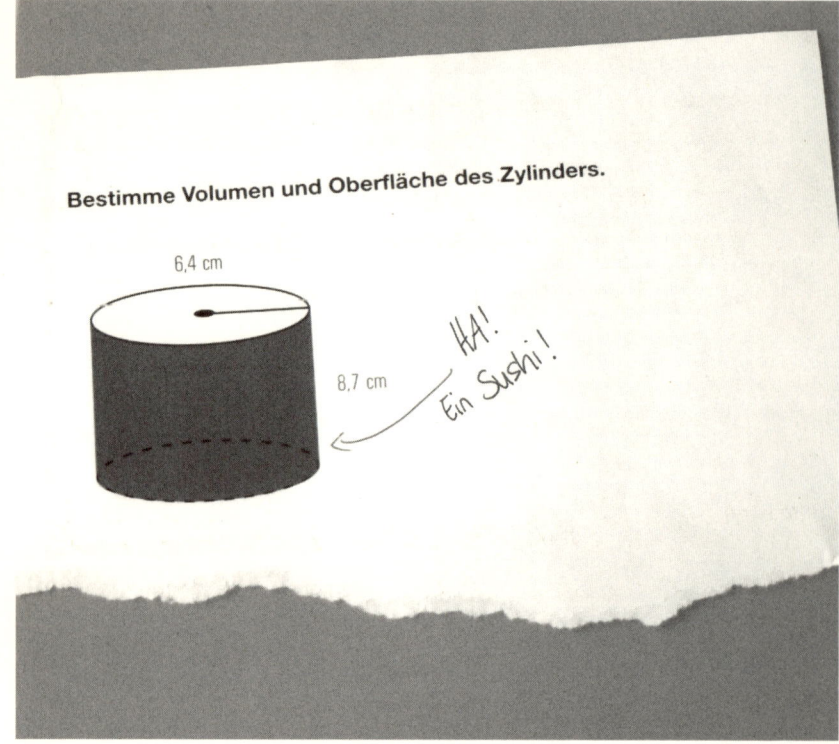

Vereinfache die folgende Gleichung!
$-2x-(14+3x)+29=2-4x$

2. Ziehe teilweise die Wurzel:

$$x = \sqrt{180}$$

Die Wurzel!

Frage 4:

Ein Geschäft wird von neun Frauen und einem Mann
betrieben. Das Geschäft gehört allen zu gleichen
Teilen. Eine der Frauen verkauft die Hälfte ihres
Anteils an den Mann und eine andere Frau behält 1/5
ihres Besitzes und verkauft den Rest dem Mann. Wie
viele Anteile besitzt dann der Mann?

Ein Geschäft voller Frauen?

Guter Witz ??? :)))

Stelle Folgendes in einem Stamm-Blatt-Diagramm dar:
Bei einem Test haben 12 Schüler folgende Werte erreicht:
86 90 66 94 83 76 98 95 87 56 34 22

Stegreifaufgabe im Fach Mathemathik

Name: ▮▮▮▮▮▮▮▮ — Datum: ▮▮▮▮▮▮▮▮

Aufgabe 1:

Woran kann man erkennen, dass dies ein rechter Winkel ist?

[4 Punkte]

Weil ein linker Winkel so aussieht:

Aufgabe 3:
Finde den Winkel heraus, der mit einem Buchstaben gekennzeichnet ist!

Hier habe ich einen Winkel gefunden, der mit einem Buchstaben gekennzeichnet ist!

Aufgabe 4:
Als was ist ein sechsseitiges Polygon noch bekannt?

als Stoppschild

Sandra möchte einen Kuchen backen. Dieser soll aus zwei Böden im Verhältnis 5:3 bestehen. Die beiden Böden unterscheiden sich im Gewicht um 14 g. Berechne das Gewicht des kleineren Kuchenbodens.

Der Ikuden ist nicht echt!

Aufgabe 1:
Bildet Arbeitsgruppen und erstellt eine Statistik über die Zeit, die die jeweilige Gruppe pro Woche mit Sport verbringt. Gebt die jeweiligen Abweichungen an!

Wir erstellen grundsätzlich keine Statistiken über Sport – wir betreiben ihn!

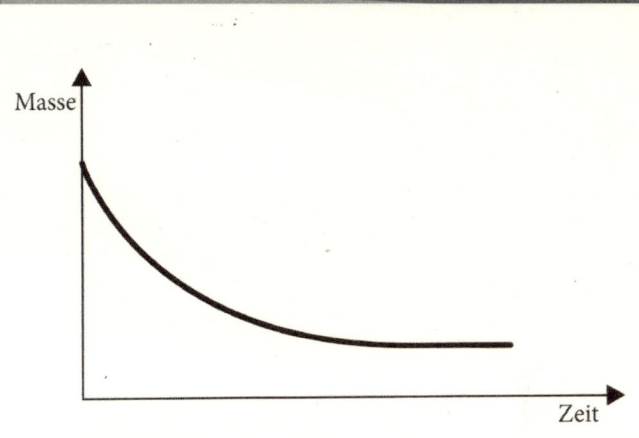

Welche Form hat der Graph?

Es hat eine sehr schöne Form!
Die Kurven sind ästhetisch gesehen
an der richtigen Stelle - der Verlauf
ist dynamisch, aber dennoch geradlinig
und proportional perfekt gestaltet!

5. Susi kann in einer Stunde drei Armbänder knüp-
fen. Andrea schafft in derselben Zeit fünf. In einer
Woche hat Susi sechs Stunden Armbänder ge-
knüpft und Andrea drei Stunden.
Was ergibt das?

Kinderarbeit!

5. Benenne die Figuren:

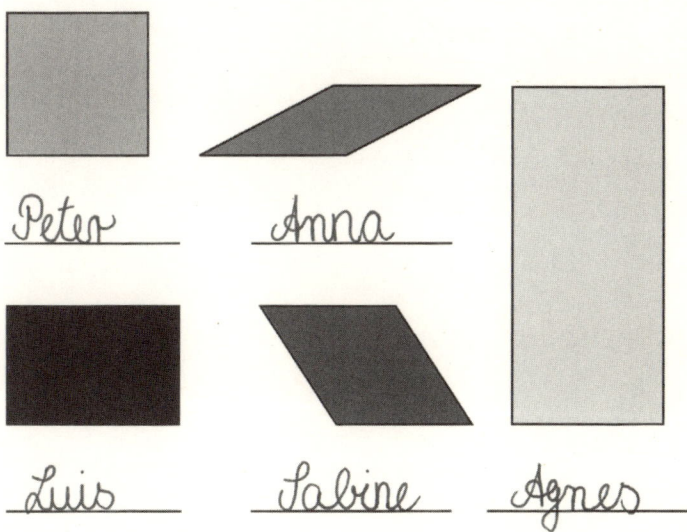

Peter

Anna

Luis

Sabine

Agnes

Physik

Aufgabe 9:

Erkläre anhand des Graphen, warum es zu einer zeit-
lichen Verzögerung des Zusammenstoßes kommt!

[3 Punkte]

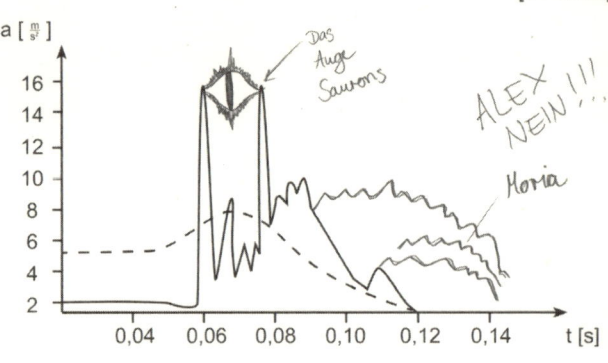

Datum:

Physik-Test

Bearbeite die folgenden Aufgaben:

1. Ein Bus fährt mit 50 km/h einen Hang herab, als der Fahrer fest-
stellt, dass die Bremsen nicht mehr funktionieren. Er sieht eine
Möglichkeit, etwas weiter vorne in eine Sandpiste auszuweichen
und dadurch den Bus zum Stehen zu bekommen. Der Bus kommt
nach 4 Sekunden zum Stehen. Berechne den durchschnittlichen
Bremsweg des Busses.

Wer bremst - verliert !

Aufgabe 9

Eine Lokomotive der Masse 14 t wird durch die konstante
Kraft 1,5 kN entlang der Schiene aus der Ruhelage heraus
beschleunigt. Die Beschleunigungsstrecke beträgt
2 km.

a) Wie groß ist die Beschleunigungsarbeit?
b) Welche Endgeschwindigkeit erreicht die Lok?
c) Wie groß ist dann die kinetische Energie?

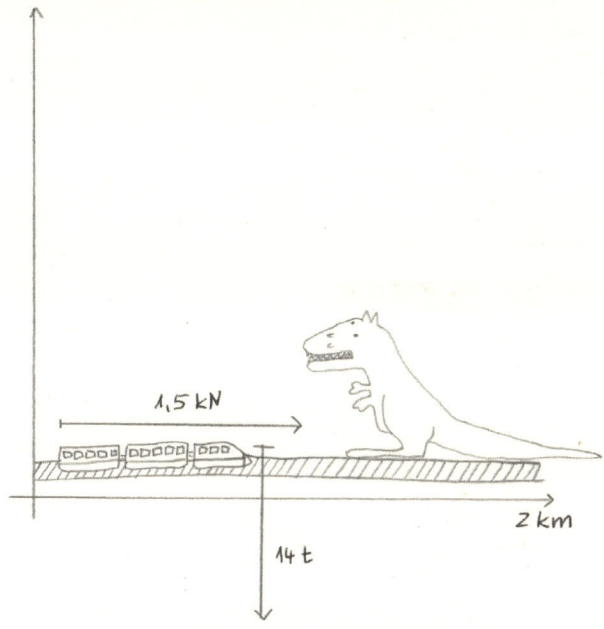

Das kann man leider nicht sagen, denn
da ist ein Dinosaurier im Weg!

Name: ███████████   Klasse: ██████

Datum: ████████████

3. Physik-Klausur

1. Das Wasser der Weltmeere speichert viel Wärme. Ein Ingenieur
   hatte folgende Idee: Er entwarf ein Schiff, das die Möglichkeit hat,
   dem Wasser die Wärme zu entziehen, also Tw=10C° bei einem
   Wärmeausstoß von Ta=20C° in die Atmosphäre. Er war von seiner
   Idee begeistert, wurde aber von seinem Chef entlassen. Warum?

Weil er mit der Frau von seinem Chef geschlafen hat.

Fabian...
oh je

2. Beschreibe das erste und zweite newtonsche Gesetz!

Erstes newtonsches Gesetz: man darf
über das newtonsche Gesetz nicht
sprechen.

Zweites newtonsches Gesetz: man
darf über das newtonsche Gesetz
nicht schreiben.

guter Versuch!

Aufgabe 1:
Jeder Stommesser hat selbst einen elektrischen Widerstand.
Ist dadurch in einem Stromkreis mit einem Strommesser die
Stromstärke etwas größer oder kleiner als in demselben Strom-
kreis ohne Strommesser?

Heute habe ich drei Dinge gelernt:

1. Die Antwort lautet: Die Stromstärke
   ist etwas kleiner. Der Strommesser wirkt
   als zusätzlicher Widerstand, behindert den
   Strom also auch. Damit sinkt der
   Gesamtstrom.

2. Es ist irgendwie noch soviel Platz auf
   dem Papier

3. Ich kann Schildkröte weder richtig
   schreiben noch zeichnen

Physik-Heimarbeit

Abgabetermin 01.12.2011

Ein Stabmagnet mit Nord- und Südpol wird ungefähr in der Mitte durchtrennt.

a) Welche Aussagen sind zutreffend?

☐ Jedes Teilstück hat nur noch einen Pol.

☐ Die magnetische Wirkung ist nicht mehr vorhanden.

☐ Jedes der beiden Teilstücke hat wieder einen Nordpol und einen Südpol.

☐ Die gesamte magnetische Wirkung geht auf das längere Teilstück über; das andere Teilstück ist ohne magnetische Kraft.

b) Begründe ausführlich die getroffene Entscheidung.

Warum sollte ich das tun?

Warum nicht?

3. Ein Zug fährt mit konstanter Beschleunigung 0,8 ms^{-2} an.
Die Zeitzählung beginnt bei Ortsmarke O.

a. Geben Sie die **Ort-Zeit-Funktion**, die **Zeit-Geschwindig-keit-Funktion** und die **Zeit-Beschleunigung-Funktion** für die Bewegung an.

b. Zeichnen Sie das **t-x-Diagramm**, das **t-v-Diagramm** und das **t-a-Diagramm**.

Religion

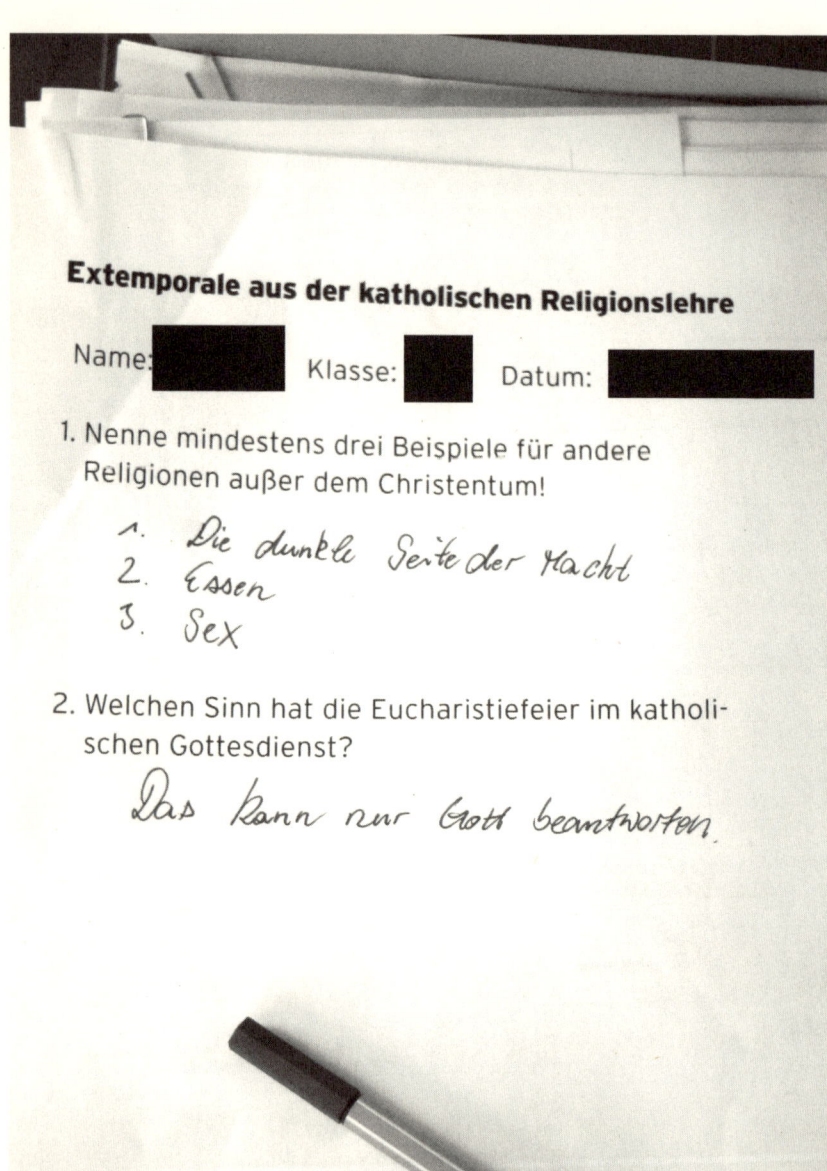

Extemporale aus der katholischen Religionslehre

Name: ███ Klasse: ███ Datum: ███

1. Nenne mindestens drei Beispiele für andere Religionen außer dem Christentum!

   1. Die dunkle Seite der Macht
   2. Essen
   3. Sex

2. Welchen Sinn hat die Eucharistiefeier im katholischen Gottesdienst?

   Das kann nur Gott beantworten.

2. Nenne zwei Dinge, die die Kirche deiner Meinung nach ändern müsste, um wieder junge Mitglieder zu bekommen.

Erstens müssten meiner Meinung nach die Messen kürzer werden, sie sind zu lang und unglaublich langweilig!

Zweitens würde ich den Pfarrern raten, keine Kinder mehr zu belästigen, denn kein Kind will belästigt werden ... Pfarrer sollten deshalb am besten heiraten!

Diese Fee beschützt Frage 1 davon als falsch bewertet zu werden!

Wie bezeichnet man Menschen, die für ihren Glauben sterben?

TOT

Religion Kurztest

Name: ▮▮▮▮▮▮ Klasse: ▮▮ Datum: ▮▮▮▮▮

1. Welchen Einfluss hatte die katholische Kirche auf die Menschheit?

Sie hat uns beigebracht im Chor zu singen

2. Beschreibe die Zeit des Advents.

Die vier Sonntage vor Weihnachten.

3. Woran glauben die Katholiken?

Dass sie Gott am nächsten sind.

4. Die katholischen Christen haben mehr als alle anderen Glaubens-
richtungen ...

... versucht alle anderen davon zu überzeugen, dass der katholische Glaube der einzig ware ist.

5. Wie verbreitete sich der katholische Glaube?

DURCH EMIGRATION!

3. Welche ist eine der größten Weltreligionen?
Und welchen Glauben vertritt sie?

Fussball

Gewinnen

Englisch

II. TRANSLATION EXERCISES:

Exercise 1
Please translate:

Halloween is a great day for parties. Children dress up as witches, ghosts or vampires, and they go from house to house playing TRICK OR TREAT. But what's the origin of this custom? Halloween means Hallows' Evening. It is the evening before All Hallows' Day (now called All Saints' Day), a Christian holiday, celebrated on the 1st of November. But that day was important already in ancient times. On the 1st of November, Celtic peoples celebrated the festival of Shamhuinn, which marked the beginning of winter and the Celtic New Year. "How come a Christian and a pagan holiday are celebrated on the same day?", you might ask. "Is it just a coincident?" – No, it isn't. When Christianity spread, the Church tried to disturb the pagan customs as little as possible, and so they merged their festivals with pagan ones.

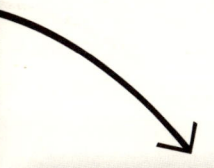

Exercise 1:

Es tut mir leid, ich kann den Text
nicht übersetzen - es scheint einige
strukturelle Probleme mit der
Papierbeschaffenheit zu geben.
Aus diesem Grund schlage ich vor,
den Test auf einen anderen Termin
zu verlegen, wenn die Probleme
zur beiderseitigen Zufriedenheit gelöst
werden konnten.

Name: ██████
Klasse: █
Datum: ████████

Kurztest aus dem Englischen

Gruppe A

Explain the new vocabulary in English:

1. When you <u>fail</u> an exam, you ...

   didn't get the whole account of credits

2. If you have to <u>yawn</u>, then you are ...

   tired

3. <u>Riding</u> a bike means:

   cycling

4. My teacher could <u>motivate</u> me by ...

   putting some action in this class!

Aktiv und Passiv

1. A new bike was bought by Mr Jones.

Mister Jones bought a new bike.

2. Jim and Lucy were invited to the Halloween party by Jack.

Jack invited Jim and Lucy to the halloween party.

3. The ball hit her on her knee.

She was hit by the ball on her knee.

4. Linda wrote an essay about horses.

The essay about horses was written by Linda.

5. Bob lost one hundred Euros.

Shit Bob!! Go and find them!!

Read and complete:

1. Anna is a very good dancer. She dances very
   read X

2. Peter is a very good _complete_ X He drives very
   well.

3. Susan can ride a horse.
   She`s very good in _read_ X

4. Lukas plays the guitar. He has to _complete_ X
   every day.

5. Daniel plays football in a team. He _read_ X twice
   a week.

   0 Pkt. !

Vocabulary exercises: Improve your vocabulary and explain in English:

1. Why do you go to school?

In order to learn

2. What is the job of a postman?

He delivers letters

3. What sex has Anne?

Maybe oral sex

Name: ███████████

Datum: ████████

Klasse: ████

Note: ██████████

ENGLISH TEST

Show your knowledge!
Find the mistakes and name the most famous
quote of the author!

Text:

famous

(Sharkspear) is one of most famos author in his century.

Nobodi knows his exackt date of birth.

He got married at ace of 18 with Anne Hathaway.

Nobody

age

To Bite or not to Bite!

VOCABULARY

Fill in the empty spaces with suitable words.

1. When Frank saw the red traffic light he *screamed* stop to Marry.

2. Peter saw Anne's new bike and said »This is so *awsome* «

3. When Bobby arrived after her holidays, Laura was glad to see her old friend again and said »Hello« *is it me you're looking for?* ☺

Please correct the mistake in the following sentences:

The boy were extremely good looking.

The girl were extremely good looking

Vervollständige folgende Sätze:

Amy is .... a bike.

Tom .... football every Sunday.

Apple pie is my .... dessert.

Let's go and .... some ice cream.

Lucas is a tall boy. He is .... than Ben.

If the weather is .... we could go fishing

at the weekend.

Ich kann die Sätze leider nicht lesen, da steht ein großer Bär im Weg

0 Punkte, aber nicht schlecht!

Große Pause

Chemie

Nenne drei Beispiele für flüssige Metalle!

Jedes Metall ist flüssig, das & kommt auf die Temperatur an.

Wie lässt sich folgende Formel herleiten?

$$1W = 1\frac{J}{s} = 1\frac{N \cdot m}{s} = 1\frac{kg \cdot m^2}{s^3}$$

In Gedenken und Respekt an den Entdecker dieser Formel (dessen Namen ich nicht erwähnen möchte), verzichte ich auf eine weitere Herleitung, da das schon unzählige Menschen vor mir getan haben! Eine weitere Herleitung würde meiner Meinung nach, nur Misstrauen bekunden.

Wie gewinnt man Rapsöl?

Sie gehen am besten zum Supermarkt ihres Vertrauens. Mit ein wenig Glück sind sie ein Jubiläumskunde, gewinnen den Einkauf und somit das Rapsöl.

| Datum: ██████ | Name: ████████ | Note: ██ |

Chemie Grundkurs-Klausur

Dextromethorphan wird auch als Partydroge missbraucht, weil es in größeren Dosen eine halluzinogene Wirkung hat (es ist strukturell mit Morphinen verwandt).
Durch einen Fehler beim Abwiegen enthält die Lösung, die der Apotheker angemischt hat, jetzt eine Dextromethorphankonzentration von 0,015 M.
Wie kann der Apotheker aus dieser Lösung 150 Millimeter eines für Kinder geeigneten Sirups gewinnen?

Der Apotheker kann:

Die Lösung mit der hohen Konzentration einnehmen und einen gratistrip geniessen.

2. Warum erhöht sich die Konzentration der Sulfationen im Elektrolyt?

Außerirdische! Für alle diese verrückten Vorgänge sind Außerirdische verantwortlich!

3. Was ist ein Enzym?

Der Held der Zelle!

H + 3 HI

H-COOH + Na2SO4 = H2SO4 + HCOONa   Matata

3.

In welchem der beiden Vorgänge findet die Reduktion von Titan statt?

im ersten Vorgang!

4.

Erkläre deine Behauptung!

Statistisch gesehen lag die Wahrscheinlichkeit die richtige Antwort zu gesen bei 50%

Name ███████████	Note: ███████

Arbeitsgruppe der Chemie,
Aufgabe der Gruppe B:

1. Stelle eine wissenschaftliche Frage und belege diese mit einem Experiment!

   Warum verursacht CO_2 Feuer?

2. Belege deine Theorie.

   CO_2 verursacht Feuer

3. Gibt es zu diesem Experiment irgendwelche
   Sicherheitshinweise?

   Es wird brennen

Chemische Reaktionstypen

Stelle den Wechsel der Energie zwischen endergonen, exergonen und katalysierten Reaktionen im jeweiligen Diagramm dar.

Elemente und Verbindungen

Frage 1:

Wie kann man den in einer Tasse Tee gelosten Zucker wieder aus der Tasse herausbekommen?

Man nimmt einen Löffel und holt ihn wieder raus!

Frage 2:

Zucker besteht aus Kohlenstoff, Wasserstoff und Sauerstoff. Warum sind diese drei Substanzen nicht so einfach vom Zucker zu isolieren?

Weil sie zu nahe beisammen liegen

Was ist der Unterschied zwischen Hydrogencarbonat und Alkohol?

Hydrocarbonat verursacht keine Autounfälle!

Sehr clever....

Stoffe, Flüssigkeiten und Gase

...e	Flüssigkeiten	Gase
	wasser	papa
	See	Luft

Kleine Pause

Deutsch

✏️	Stift
✂️	Schere
🧍	Penis
⏰	Uhr

4. Wenn du dem Autor eine Frage stellen könntest – was würdest du ihn fragen?

Was um alles in der Welt haben Sie da gemacht?

5. Verfasse eine kurze Interpretation zu Goethes »Faust« anhand der Vorbesprechung der letzten Stunde!

Ich muss mich wirklich zwingen hier über Goethes Faust zu schreiben. Denn ganz ehrlich - ich langweile mich zu Tode! Ich bin selbst schockiert über meine Ehrlichkeit - vielleicht sollte ich nach der Schule einen Arzt aufsuchen.

Ich habe heute ein Vorstellungsgespräch für mein Praktikum und ich bin schrecklich nervös! Das ist es, was mich beschäftigt! Also wie soll ich in diesem Moment auf die Idee kommen, einen Text von Goethe zu interpretieren? Das haben schon Tausende vor mir gemacht und im Grunde interessiert es niemanden was ich dazu zu sagen habe!

Vielleicht denken Sie jetzt, dass ich einfach nur faul bin! Aber das bin ich nicht - ich beschäftige mich nur mit der Gegenwart! Und ich verstehe nicht, warum ich einer der nächsten tausend sein soll, die ein Blatt Papier mit unsinnigen und langweiligen Thesen traktieren! Ich hoffe, sie können das ein kleinwenig verstehen!

HAUSARBEIT

1. In den letzten Unterrichtsstunden haben wir die Tragödie von Romeo und Julia behandelt. Was sind deine ersten Gedanken zu diesem Thema? Begründe sie!

2. Welche Ähnlichkeiten kannst du zwischen den bekanntesten Werken von Günter Grass (z. B. Stilmittel usw.) feststellen?

3. Was, denkst du, hat Johann Wolfgang von Goethe dazu inspiriert, *Die Leiden des jungen Werther* zu verfassen?

Hausarbeit
Abgabe : ████████████

Aufgabe 1:
Nach der Emanzipation wäre das
so nicht passiert!

Aufgabe 2:
Er hat eindeutig immer dieselben
Drogen genommen!

Aufgabe 3:
Wahrscheinlich war ihm einfach
todlangweilig!

1. Ziewilisation — Zivilisation
2. Unvastäntlich — unverständlich
3. Übaschauba — überschaubar
4. Vakeart — verkehrt
5. Intaresant — interessant
6. Abbauba — abbaubar
7. Rechtschreibung
8. kans a einfach !

2. Schulaufgabe aus dem Deutschen

am ████████████

Name: ████████████████

– Argumentation –

Thema 1:

Wie könnte man den alljährlichen Überschwemmungen in den Überschwemmungsgebieten entgegenwirken?

Thema 2:

Thema 1:

Den alljährlichen Überschwemmungen in den Überschwemmungsgebieten könnte man entgegenwirken, indem man ein paar große Damen ins Wasser setzt!

Das Wort	Das Gegenteil
Tag	Nacht
leer	Voll
Original	Taiwan

Hausaufgabe im Fach Deutsch:
Fertige eine Interpretation des im Unterrichts behandelten
Gedichtes »Der Panther« von Rainer Maria Rilke an.
Abgabetermin: 30.01.2006

Ich bin ganz ehrlich und ganz schlicht

Ich weiß die Antwort nicht!

Es tut mir leid, ich weiß

das ist nicht gescheit.

Aber es ist schon spät, ich habs gesehn

und muß ins Bettchen gehn!

Ab morgen mach ich's besser, versprochen,

es wird gehalten und nicht gebrochen!

Vielleicht bekomme ich einen Punkt für meinen Reim –

oh wie wär das fein!

Hausarbeit zur Arbeitsgruppe Literatur
Klasse 11b

Thema: *Die Verwandlung* von Franz Kafka
Abgabetermin: 15.01.2008

Kafkas Werke beinhalten die für ihn typischen Stilmittel und Themen. Arbeite diese anhand der oben genannten Erzählung heraus und beschreibe sie.

Typisch für Kafka ist, dass der ganze absonderliche Vorgang der Verwandlung des Protagonisten in einen Käfer vollkommen nüchtern, beinahe schon in Form eines Berichts geschrieben ist. Er arbeitet dadurch den grotesken Kontrast zwischen dem emotionslosen Erzählten und dem, was wirklich vor sich geht auf eine für ihn typische Art und Weise heraus.

Genau diese Kombination aus dem surrealen Geschehen, das aber auf absolut sachliche Weise erzählt wird, ist ein typisches Stilmittel Kafkas.

Aber um ehrlich zu sein, muss ich gestehen, dass ich von diesem Thema sowohl gelangweilt, als auch enttäuscht bin. Aus diesem Grund möchte ich meinen Aufsatz an dieser Stelle beenden. Da ich auch sicher bin, dass Sie die Aufsätze nicht zu Ende lesen, weil Sie selbst von dem Thema gelangweilt sind, schreibe ich nun ein paar Sätze, um die Seite zu füllen, damit es so aussieht, als hätte ich einen langen Text geschrieben. Ich versuche damit auch Zeit zu schinden! Wollen Sie ein paar Worte hören, die sich auf Zeit reimen? Zeit, weit, breit ...

Ach mein Lieber, habe ich Ihnen schonmal erzählt, was wirklich supercool ist - im

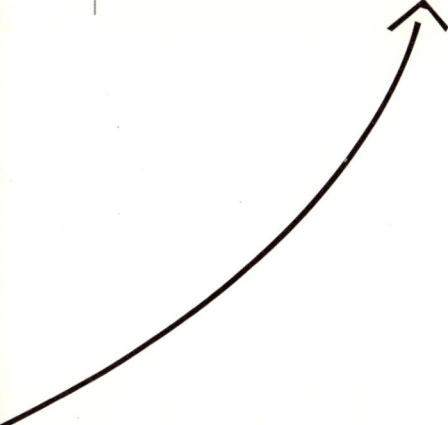

4. Klasse, Deutsch-Hausaufgabe

1. Wenn du in der Schülerzeitung über zwei deiner Freunde einen Artikel wegen ihrer besonderen Fähigkeiten oder Eigenschaften schreiben sollst – wer wäre das?

Leon und Valentin

2. Und um welche Eigenschaften handelt es sich?

Leon verkauft den besten schwarzen Afghanen in der Schule.

3. Und zum Schluss: Was sind deine besonderen Eigenschaften oder vielleicht auch Hobbys?

Ich habe einen guten Charakter

Bearbeite die folgenden Aufgaben.

Zusammenfassung des Textausschnittes:

1. Nachdem du die ganze Geschichte gelesen hast – was denkst du über das Ende der Geschichte?

   Ich frage mich, warum die Geschichte überhaupt so lange gedauert hat! Das hätte man auch in zwei Sätzen fassen können!

2. Warum denkst du das? Benutze Beispiele aus dem Text!

   Es ist nicht sehr interessant, da ich ja ansonsten den ganzen Text anführen müsste!

Aufsatz zum Thema
Umweltschutz

Zum Umweltschutz lässt sich das Übliche sagen, dass jeder schon tausend mal gelesen und gehört hat.

Ich muss sagen, dass dieses Thema unglaublich langweilt. Deshalb möchte ich heute ein paar neue Tipps dazu geben:

1. Anstatt die Schüler Tonnen von Papier damit verschwenden zu lassen, dass dieses Thema zu tausendsten mal niedergeschrieben wird - könnte man Beiträge dazu im Internet lesen. Ist informativ und spart Papier.

2. Kein Toilettenpapier mehr verwenden.

3. Nicht duschen

4. Nicht Autofahren

5. Auf keinen Fall fliegen

6. Also am besten zurück in die Steinzeit!

Im Folgenden hast du die Möglichkeit, eigene Anmerkungen über den Kurs bzw. die betreffende Lehrkraft zu machen:

Wenn ich nur eine Stunde zu leben hätte, würde ich sie in diesem Unterricht verbringen — es fühlt sich jedes Mal wie eine Ewigkeit an!   ???

Geschichte

Stegreifaufgabe **Geschichte**

Am: ███████████   Name: ██████████

Punkte: ██████   Note: ████

Thema: Erfindungen

1. Warum erfand Alexander G. Bell das Telefon? (3 Pkt.)

Weil er kein Lust mehr hatte an dem Fenster zu schreien!

2. Nenne den Erfinder der Dampfmaschine! (2 Pkt.)

?

3. Wann wurde die Elektrizität entdeckt? (1 Pkt.)

?

Name: ██████████████████

Rückblick auf die Exkursion vom ██████████
– Klasse 5b –

Die Denkmäler der Stadt München

1. Was hast du über den Tag des offenen Denkmals gelernt, was du bis jetzt noch nicht wusstest?

Ich wusste nicht, dass er am 08. September ist.

2. In welcher Situation könnte diese Information hilfreich sein?

Vielleicht bei „Wer wird Millionär"?

3. Welche Denkmäler haben wir zusammen besucht?

Alle.

4. Zu welchem Anlass wurde der Bronzeguss des Friedensengels von Ferdinand von Miller errichtet?

Höchst wahrscheinlich für den Frieden!

3. Stell dir vor, du hättest zur gleichen Zeit wie Julius Cäsar gelebt. Was hättest du ihn gefragt bzw. was hättest du zu ihm gesagt?

Ich hätte ihn gefragt, dann er ja wie eine Gameboy ausprobieren soll — man kommt nicht los von dem Zeug!

Um es klar zu machen: Der Unterschied zwischen der Februar Revolution und der Oktober Revolution ist, dann eine in Februar und die andere in Oktober stattgefunden hat

Warum sind die Dinosaurier ausgestorben?

ENTDECKER DER GESCHICHTE:

1. Wer brachte die <u>Schokolade</u> von der <u>alten</u> in die <u>neue</u> <u>Welt?</u>

Alfred Ritter

Wozu gibt es das Kabinett der Bundesrepublik?

Um Arbeitsplätze zu schaffen

Was war eine der größten Errungenschaften
der alten Römer?

Sie konnten Latein!

Kann ein Mann mit nur einem Hoden Kinder zeugen?

NEIN, Mädchen finden sowas nicht sexy!

Wirtschaft und Soziales

Aufg. 1:
Sie arbeiten an einer Rezeption eines 5-Sterne-Hotels.
Wie lösen Sie die folgende Situationen?

a) Ihnen fällt auf, dass einige Buchungen für die Gäste
   doppelt durchgeführt wurden. Was ist zu tun?

Die Doppelbuchungen
rückgängig machen.

b) Ein Gast fragt nach dem nächsten Taxistand, Ihr Kollege
   kann ihm jedoch nicht weiterhelfen. Welchen Rat geben
   Sie Ihrem Kollegen?

Er sollte anfangen, sich
einen neuen Job zu suchen.

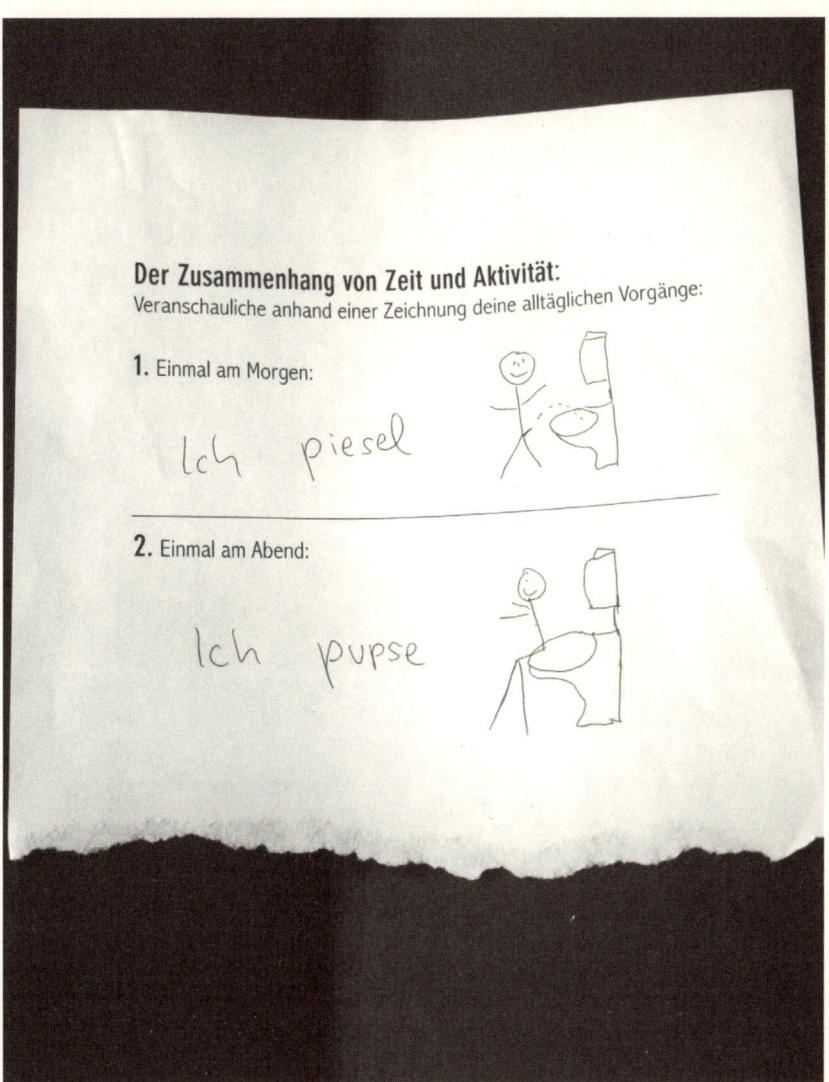

Der Zusammenhang von Zeit und Aktivität:
Veranschauliche anhand einer Zeichnung deine alltäglichen Vorgänge:

1. Einmal am Morgen:

Ich piesel

2. Einmal am Abend:

Ich pupse

Was hast du für Vorstellungen bezüglich deiner Zukunft?

Ich würde später gerne Medizin studieren und ein guter Arzt werden.

Was tust du in deiner Freizeit am liebsten?

Am liebsten gehe ich aufs Klo und spiele mit meinem Handy!

3. Ursache und Wirkung

Wenn Peter jeden Tag für ca. 30 min auf seiner Gitarre übt, ist er bald …

Der größte Streber!

Was denkst du über die Zukunft?
Wo wirst du dich z. B. in 90 Jahren befinden?

Unter der Erde !!!

Nenne drei Dinge, die du gerne in der Zukunft tun würdest!

1. Ich wäre gerne der König von Deutschland

2. Hätte eine Königin

3. Die ich auch küssen darf

3. Fülle diese Pyramide mit den Grundbedürfnissen nach Maslow!

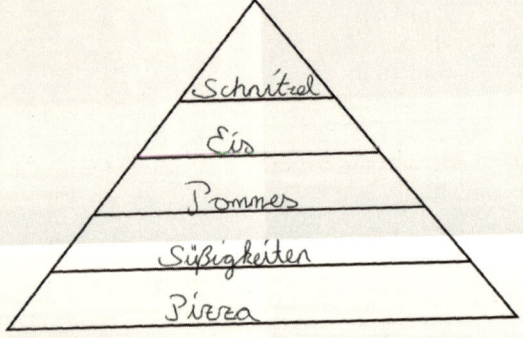

Kurzarbeit Erdkunde

Klasse:	Name:	Am:
Erreichbare Punkte: 25	Erreichte Punkte:	Note:

Beantworte die folgenden Fragen.
Du hast eine halbe Stunde Zeit!

1.Was kannst du über die Inseln im Mittelmeer sagen? [/5]

Sie sind alle größer oder kleiner als Sardinien

---

2. Beweise und erkläre, warum die Erde rund ist! [/8]

Das habe ich nie behauptet

Name: ██████████   Datum: ██████████

1. Warum, denkst du, enden Demonstrationen immer wieder mit Gewalt?

Weil es immer einer übertreiben muss!

Name: ██████████████████

Ich bekomme mehr Taschengeld, wenn ich.....

Ich bekomme kein Taschengeld,
Ich bin selbstständig.

Wann sollte ein Autofahrer seine Hupe benutzen?

Wenn er sich wie ein Arsch
benehmen will!

Agnes hat bei einem Vorstellungsgespräch eine gute Körpersprache gezeigt.

Kannst du drei Beispiele für gute Körpersprache nennen?

1. ein sexy Tanz an der Stange

2. striptease

3. Tango mit dem Personalchef

Außerdem war sie gut vorbereitet. Was könnte sie dafür getan haben?

Wahrscheinlich hat sie sich die Haare gewaschen und ihren Glücksbringer mitgenommen

Wer das nicht weiß
...

Name: ███████   Klasse: ███   Datum: ████████

Test aus dem Stegreif

Frage 1 (12 Punkte)
Erkläre die prozeduale Abstraktion anhand eines Beispiels.

In diesem Moment fällt wohl der Vorhang, außer Sie vergeben auch Punkte für:

Was ist mit dem Begriff „Aktivierungsenergie" gemeint?

Die Energie die man zum Aufstehen braucht!!

3. Erkläre, warum Phosphortrichloride nicht polar sind.

Weil Gott sie so erschaffen hat !!!

4. Erkläre den Begriff „Marketing".

Was macht deine Mutter, wenn sie die Weihnachts-
vorbereitungen trifft?..

..........Sie trinkt viel Wein..

....

....

Mein Vater

Isst gerne: ....Pommes...

Fährt gerne: ....Auto..

Er lässt mich:....manchmal vorne mitfahren................

Seine Lieblingsfarbe ist: ....Rot.....................................

Er weiß, wie man: ....Fahrräder repariert....................

Er mag: ....keine Kinder..

Ich werde immer: ....an sein Grab kommen....................
............................um ihn zu besuchen

Warum stieg die Bevölkerung im England des 19. Jahrhunderts so massiv an?

Weil es eine wirklich sexy Epoche war!

Susi und Peter sind beide gute Tennisspieler. Ist es wahrscheinlicher, dass Susi Peter nach fünf von acht Spielen oder nach sechs von zehn Spielen schlägt?

Sie wird jedes Spiel gewinnen, weil sie ein Mädchen ist!

Wie sollte Susis Spiel aussehen, damit sie möglichst wenig verliert?

Dreckig!

Nenne drei Beispiele, um den Wärmeverlust in deiner Wohnung zu reduzieren!

1. *Warm anziehen*
2. *Die Tür schließen*
3. *Auf die Malediven ziehen*

Frage 2 (8 Punkte)
Was ist ein Phlegmon?

Ein Pokemon!

3. Was ist dein Ziel für dieses Schuljahr?

Das nächste Level bei glonker tonk zu erreichen

1. Welche Gase sind unter anderem für die Erd-
erwärmung verantwortlich?

Kuhfürze

3. Wenn fünf Männer zehn Stunden benötigen, um eine Mauer zu bauen, wie viel Zeit würden dann vier Männer dafür benötigen?

gar keine, weil die Mauer ja schon steht

Was sollte man nie vor dem Frühstück essen?

das Mittagessen!

Wozu werden Schulaufgaben geschrieben?

Um durchzufallen
Um die Arbeit der Lehrer zu übernehmen

5. Wie kann man einen Lastwagen mit einer Hand hochheben?

gar nicht, weil es keine Lastwägen mit Händen gibt

Wenn du in einer Hand drei Orangen hast und in der anderen zwei Orangen und eine Banane – was hast du dann?

Ziemlich große Hände!

Wenn das herausströmende Blut aus einer Wunde hellrot ist –
was bedeutet das für den Verwundeten?

Es bedeutet, dass es ein normaler Mensch
ist!

Was ist eine Fibula?

Eine kleine Lüge!

Was war der Hauptindustriezweig der Afghanen?

Hunde und Drogen

Man unterscheidet hartes und weiches Wasser.
Erkläre den Begriff des harten Wassers!

Hartes Wasser nennt man „Eis"

Warum haben Bienen schwarz-gelbe Ringe rund um den Körper?

Weil der liebe Gott einen schlechten Tag hatte, als er sie erfunden hat – Ringe machen dick!

Wenn du den Autor des Buches treffen könntest, was würdest du zu ihm sagen?

Könnten Sie mir bitte kurz erklären, was in dem von Ihnen verfassten Buch steht? Ich habe es noch nicht gelesen.

Was ist eine Flunder?

Ein Frosch, der Sex mit einem Wal
hatte und deshalb ganz flach ist

Gib ein Beispiel für den Satz »Ehrlichkeit währt am längsten!«.

Wenn ich meine Hausaufgaben abschreibe,
geht es ganz schnell. Wenn ich sie
selbst erledige, dauert es ewig!

2 Benenne folgende Zeiten:

Ich esse.
Ich habe gegessen. Mahlzeiten!
Ich werde essen.

Was ist der Unterschied zwischen Säugetieren und Reptilien?

Das haben Sie uns doch letzte Woche im
Unterricht erklärt!

Welche der folgenden Erfindungen hat es vor 50 Jahren noch nicht gegeben? (Kreuze an)

☐ Das Internet
☐ Den Katalysator
☐ Den Kühlschrank
☐ Die Waschmaschine

Mich!

Wörter, die mit der Vorsilbe un- beginnen, drücken meistens etwas Negatives aus. Nenne drei Beispiele!

Unterricht

Schreibe eine kurze Zusammenfassung über deine Sommerferien!

Meine Sommerferien waren zu kurz!

Seit wann und warum ist Kinderarbeit in Deutschland verboten?

Das frage ich mich auch, während ich hier sitze und schufte!

Erkläre den Begriff »freie Presse«.

Wenn deine Mutter deine Wäsche
~~wäscht~~ bügelt

Erkläre den Begriff »Vibration«!

Man unterscheidet zwischen guten und schlechten
Vibrationen. Die guten wurden in den
60er Jahren entdeckt

Könnte man seine Gesundheit gefährden, wenn man nahe
an einem Mobilfunksender leben würde?

Nein - ausser man läuft dagegen

Nenne ein Beispiel für eine bedingte Wahrscheinlichkeit!

Vielleicht - vielleicht aber auch nicht

Was ist der häufigste Grund für eine Scheidung?

Die Heirat

d, Was sieht aus wie die Hälfte eines Apfels?

Die andere Hälfte

An welchem Tag starb Friedrich Schiller?

An seinem letzten

Welche Naturkatastrophe wird hier beschrieben?

Die gesamte Stadt wurde von schweren Nachbeben erschüttert. Menschen wurden verletzt und Feuer gerieten außer Kontrolle. Die Polizei und die Feuerwehr waren im Dauereinsatz, um die Schäden in Grenzen zu halten.

Das Ende der Fußballweltmeisterschaft!

Zu welchem Anlass wurde die Freiheitsstatue in New York errichtet?

Zum Gründungstag der anonymen Alkoholiker!
Sie hält das Glas zur Mahnung in der Hand.

[5 Punkte]

MITTEILUNG AN DIE ELTERN:

Name des Schülers: _____

Datum: _____

Vergehen: _Auf dem Tisch stehen, der Klasse_
sein Superman T-shirt zeigen und dabei
laut zu schreien, er sei Superman!

Zur Kenntnisnahme an die Eltern des Schülers,

_____   _____

Unterschrift des Lehrers   Unterschrift der Eltern

Beschreiben Sie die Abhängigkeit der Geschwindigkeit
einer enzymatisch katalysierten Reaktion

a) von der Substratkonzentration
   (bei konstanter Enzymmenge)

b) von der Temperatur!

Es ist ziemlich aufregend !!!

Nenne fünf Tiere, die in Afrika leben!

Drei Löwen, zwei Giraffen

3. Wie war der Name von Odysseus' Frau?

Frau Odysseus

Erkläre das Gesetz der Schwerkraft!

Das Gesetz der Schwerkraft wurde dafür erfunden, dass wir alle auf dem Teppich bliiben.

Was ist die Zukunftsform von »ich stehle«?

Ich komme ins Gefängnis !

Beweise und erkläre, warum ein Delfin ein Säugetier und kein Fisch ist!

Das habe ich nie behauptet!

Erkläre den Prozess des »Lernens«!

Lernen ist ein Prozess, bei dem eine
Information in ein Ohr hineingeht und beim
anderen wieder hinaus!

Welches ist die höchste Frequenz, die ein Mensch wahrnehmen kann?

Die Tölzer Sängerknaben!

Beschreibe anhand eines Beispiels Freuds Traumtheorie!

Wenn man zum Beispiel von einer Wurst
träumt, heißt das, dass man unterbewusst an
Sex denkt. Träumt man dagegen von Sex,
bedeutet es, dass man an eine Wurst denkt!

Wenn du einen Essensplan für Maria für drei Tage entwerfen müsstest, welche Lebensmittel würdest du verwenden und wie würdest du diese miteinander kombinieren?

*Da ich nicht Marias Mutter bin, ist es nicht meine Aufgabe ihr Essen zusammenzustellen!
Es ist mir ehrlich gesagt egal, was sie isst!*

Definiere den Begriff »Optische Täuschung«!

*Ich bin eine optische Täuschung!
Ich bin gar nicht hier, das sind nur Ihre Sinne, die das denken!*

Was muss man tun, um Zentimeter in Meter umzuwandeln?

man muss „zenti" entfernen !

2. Was würdest du in diesem Schuljahr wirklich gerne lernen?

Etwas sinnvolles

In diesen Bereichen könnte ich mich noch verbessern:

Bchstabieren

Explain in English what you would like to learn this year!

I would like to learn more about the milky way, because i love the chocolate!

Die ersten lebenden Zellen waren wahrscheinlich ...?

Einsam

3. Wo wurde der Friedensvertrag von Versailles unterschrieben?

Am Ende des Blattes

KURZ UND BÜNDIG

Übersetze ins Englische:
Hast du mich verstanden?

Do you have me?

Wie kann man Kohlenstoff nachweisen?

Ganz einfach!

Wann endete der Zweite Weltkrieg?

Auf Seite 83 im Geschichtsbuch!

Nenne einen anderen Ausdruck für »Staubgefäße«!

Mülleimer

Gegen welches der Zehn Gebote hat Adam verstoßen,
als er den Apfel gegessen hat?

Gegen gar keins, weil es die zehn Gebote
damals noch gar nicht gab!

Warum baut der Kuckuck kein eigenes Nest?

Weil er in einer Uhr wohnt

Warum benötigt eine Pflanze Sonnenlicht
zur Fotosynthese?

Weil GOTT sie so geschaffen hat!

Beschreibe die Grundeigenschaften von Wasser!

Wenn man sich damit wäscht, wird es dreckig!

Warum gibt man kleinen Kindern oft Milch zu trinken, wenn sie zum Beispiel Reinigungsprodukte verschluckt haben?

Damit sie glücklich sind, bevor sie sterben

Welches ist das einzige Lebewesen, vor dem sogar ein Löwe Angst haben sollte?

Die Löwin

Meine besten Fächer in der Schule sind:

Mathe und Religion

Ich bin ganz aufgeregt vor diesem Schuljahr, denn:

Die Schule könte
abbrennen!

8. Würdest du mit diesem Mädchen Schlittschuh
   laufen gehen?

   Erkläre, warum!

   Nein, weil das
   Eis schon brüchig ist
   und weil sie dick ist!

Pro und Contra zum Thema Tierversuche:

Pro:
- Sie sind wichtig für die Wissenschaft, weil wir dadurch neue Informationen erhalten
- Wir können erst an Tieren testen, bevor wir an Menschen testen

Contra:
- Wir quälen und töten unschuldige Tiere, die sich nicht wehren können
- Mutanten könnten Superkräfte entwickeln und zurückschlagen!

Dieses Argument wurde bislang in der Diskussion selten geäußert!

Gruppe A

3. Extemporale im Fach Erdkunde

Name: ████████	Datum ████████	Note: ██

1. Erkläre mithilfe einer Zeichnung die
Entstehung von Wolken!

2. Nenne drei verschiedene Wolkenarten.

Schäfchenwolke
Regenwolke
Staubwolke

Mittelschule in der █████████

Mitteilung an die Eltern

████████████████████ muss am ████████████

bis _____14 Uhr_____ in der Schule bleiben, um eine Strafaufgabe
zu erledigen.

Grund:

Störung des Unterrichts durch Ausziehen der
Hose und schreien: komm zu mir Bruder!

Mit freundlichen Grüßen

████████████ München, ████████████

Lehrkraft ████████████

Direktorat ████████████

**Übersetze folgende Anweisungen für Deine Schwester
ins Deutsche:**

1. ¡Vaya la cocina!
2. ¡Sea cuidadosa!
3. ¡Abre el congelador!
4. ¡calienta la sopa!
5. ¡Prepare las patatas!
6. ¡Corta el pan!

*Ich habe keine
Schwester!*

5. Beschreibe die Zusammensetzung von Schwefelwasserstoff.

Zwei Eier + Vier Wochen

Deine besten Antworten

....

....

....

....

....

....

....

....

....

....

....

....

....

....

....

Die lustigsten Lehrerpannen

....

....

....

....

....

....

....

....

....

....

....

....

....

....

Noch mehr unnützes Wissen

Wussten Sie, dass...

...sich männliche Fruchtfliegen mit Alkohol betrinken, wenn sie keinen Sex bekommen?

...der Vollmond neunmal so hell ist wie der Halbmond?

...das russische Pendant zu Max Mustermann Iwan Iwanowitsch Iwanov heißt?

224 Seiten
Preis: 8,99 € (D) | 9,30 € (A)
ISBN 978-3-86883-244-0

Die Freiheitsstatue hat Schuhgröße 1200
Die neue Dosis unnützes Wissen

Diese und weitere unglaubliche, spannende und skurrile Fakten aus allen Bereichen des Lebens beinhaltet dieses Buch. Zusammengestellt wurden sie auf der großen Facebook-Seite »Unnützes Wissen«, die täglich Tausende Fans begeistert